AF357967

J.-M. NATTIER

PEINTRE DE LA COUR DE LOUIS XV

Par PIERRE DE NOLHAC

ILLUSTRATIONS

D'APRÈS DES

DOCUMENTS CONTEMPORAINS

EXEMPLAIRE SUR JAPON

Deux suites des planches

l'une sur papier Whatman, l'autre sur chine blanc
contre-collé sur papier teinté

QUATRE PLANCHES FAC-SIMILÉ EN COULEUR

LOUISE·DE·LORRAINE·PRINCESSE·DE·TURENNE

LE Mi DUC DE MOUCHY

LOUISE DE LORRAINE · PRINCESSE DE TURENNE

LE Mis DUC DE MOUCHY